Publié par Saunders Book Company,
27 Stewart Road, Collingwood, ON Canada L9Y 4M7

Conception : The Design Lab
Production : Chelsey Luther
Direction artistique : Rita Marshall
Traduit de l'anglais par Anne-Sophie Seidler
Imprimé aux États-Unis

Photographies : Alamy (Arco Images GmbH, Chris Godfrey Wildlife Photographie, Kenneth Dear, FLPA, Janett Hill), Dreamstime (KMWphotography), FreeVectorMaps.com, Getty Images (Kathleen Reeder Wildlife Photography, Frank Pali), iStockphoto (abzerit), Shutterstock (Dennis W Donohue, Alan Jeffery, Abeselom Zerit)

Catalogage avant publication de Bibliothèque et Archives Canada

Bodden, Valerie
[Snow leopards. Français]
Le léopard des neiges / Valerie Bodden.

(Planète animaux)
Traduction de: Snow leopards.
Comprend des références bibliographiques et un index.
ISBN 978-1-77092-398-0 (couverture rigide)

1. Once (Mammifère)–Ouvrages pour la jeunesse. I. Titre.
II. Titre : Snow leopards. Français.

QL737.C23B6314 2017 j599.75'55
C2017-901211-8

9 8 7 6 5 4 3 2 1

PLANÈTE ANIMAUX

LE LÉOPARD DES NEIGES

VALERIE BODDEN

SAUNDERS BOOK COMPANY

Le léopard des neiges est un félin. Il fait partie de la même famille que le tigre, le lion et le jaguar, mais contrairement à ses cousins, il ne rugit pas.

Sa fourrure épaisse le tient bien au chaud lorsqu'il fait froid et qu'il neige.

Le léopard des neiges possède une épaisse fourrure. Elle peut être blanche, grise ou teintée de jaune, avec des taches grises appelées rosettes. Sa longue queue épaisse l'aide à garder l'équilibre. Il a de grosses pattes qui lui permettent de ne pas trop s'enfoncer dans la neige.

Les léopards des neiges ont tous des taches différentes sur le corps.

La plupart des léopards des neiges mesurent entre 90 centimètres et 1,50 mètre (3 et 4,8 pi) de long. Ils peuvent peser jusqu'à 55 kilos (120 lb). Un léopard des neiges peut faire des bonds de 9 mètres (30 pi) de long en une fois!

La longue queue épaisse du léopard des neiges est parfois aussi longue que son corps.

Environ 60 pour cent de tous les léopards des neiges sauvages vivent en Chine.

Le léopard des neiges vit en Asie centrale. C'est là que l'on trouve les plus hautes montagnes du monde. Elles sont **escarpées** et **rocailleuses**. La majeure partie de l'année, elles sont recouvertes de neige.

escarpé(e) difficilement accessible

rocailleux(se) recouvert de petites pierres ou de cailloux

Ses larges pattes lui servent de raquettes pour marcher dans la neige.

Le léopard des neiges est un **prédateur**. Ses **proies** favorites sont le mouflon et le **bouquetin**. Il mange également de plus petits animaux tels que les marmottes, les souris et les oiseaux. Parfois, il mange aussi de l'herbe.

bouquetin chèvre sauvage aux longues cornes arquées

prédateur animal qui tue et mange d'autres animaux

proie animal qui est tué et mangé par d'autres animaux

Les yeux bleus du bébé léopard deviennent gris clair ou verts lorsqu'il grandit.

Une femelle léopard donne naissance à deux ou trois bébés dans une **tanière**. Ils boivent le lait de leur maman. À l'âge de trois mois, ils apprennent à chasser. Ils restent environ deux ans auprès de leur mère. La plupart des léopards des neiges vivent de 10 à 15 ans.

tanière abri caché où vivent des animaux

Le léopard des neiges vit seul. Il est généralement actif le matin et pendant la nuit. Il rôde à la recherche de ses proies, restant en hauteur pour les guetter. Lorsqu'il a trouvé un animal, il bondit sur lui.

La longue queue du léopard des neiges lui permet de faire des bonds très précis.

Le léopard des neiges dort beaucoup. Il peut dormir de 12 à 20 heures par jour. Il enroule sa queue autour de son museau pour se tenir au chaud.

Tout comme les autres félins, le léopard des neiges bâille lorsqu'il est satisfait.

Le léopard des neiges est très difficile à observer dans la nature. En revanche, il est possible d'en voir dans les zoos. Il est amusant de voir ces gros chats en action!

Environ 600 léopards des neiges vivent dans des zoos à travers le monde.

Une histoire de léopard des neiges

Pourquoi les léopards des neiges ont-ils une fourrure tachetée? En Sibérie, on raconte la légende suivante : autrefois, il y avait une princesse qui voulait épouser un homme rencontré dans la montagne. Il portait une cape de fourrure blanche. Un jour, la princesse découvrit la cape de l'homme. Elle était pleine de traces de sabots boueux. La princesse se vêtit de la cape et aussitôt, elle se transforma en léopard des neiges.

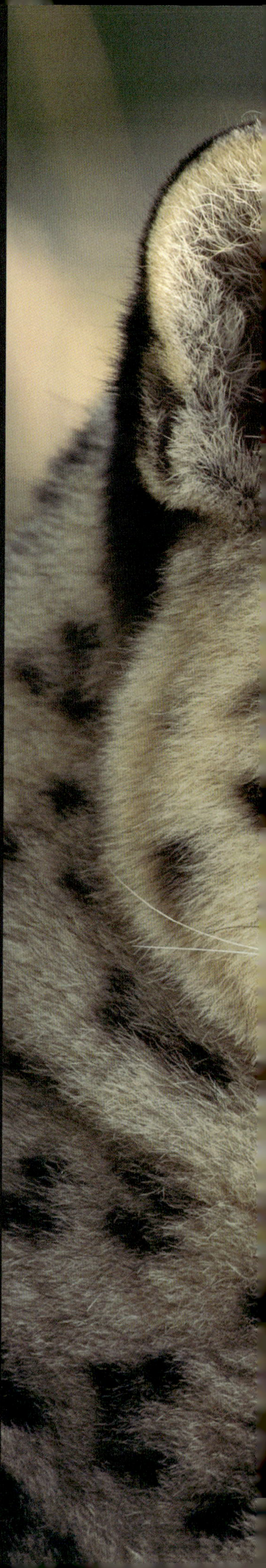

Index